Francisco José Martínez Morán

Cuaderno del que calla

LA GARÚA · *Poesía*, 117

Primera edición: enero de 2026

© del texto: Francisco José Martínez Morán
© de la presente edición:
La Garúa Libros
Barcelona
www.lagaruapoesia.com

ISBN: 979-13-990034-8-2
Depósito Legal: B 593-2026

Para Marina. De tu mano, todo.

1. De un cuaderno sin luz

TERMINARÁ la luz
y no te habrá bastado.

SIEMPRE la sed encuentra
un camino: desborda cualquier dique,
avanza ciegamente,
rompe a sal la memoria,
quiebra el cristal del alma,
se derrama en mil pétalos de hielo.

OTRAS COSAS

TENÍAMOS la mente en otras cosas:
importaban los filos de la noche;
los límites difusos de la luz
sobre los cuerpos; el color y el tacto
de lo perdido, cuando todavía
era esencia de júbilo.

Luego llegó el invierno.
La metáfora tópica,
el cielo desmembrado.

ERAN los días limpios,
eran las noches puras.

Ignoraban aún
la rota servidumbre del engaño.

Eran los días limpios,
antes de toda noche y todo día.

CUÁNTO te gustaría que lo roto
ya no formase parte de quien eres,
que no fuera tu sangre y tu osamenta,
que no constituyese
el único sentido de tus años.

Entono un aleluya limpio y claro, tan sincero como puede serlo una interjección humana. Y retumba el vacío, y el vacío me devuelve su eco helado.

IGUAL QUE LAS PINTURAS
DE LOS ÁNGELES

UNA mujer me para por la calle:

Disculpe, ¿pero usted
sabe cómo era la ciudad antes
de que desenterraran
esa imagen que dicen
que salió de la tierra?
¡Una imagen que sale de la tierra!
No dejan de decirlo,
¿cómo es eso posible?
¡Igual que las pinturas de los ángeles!

Este poema es suyo, por supuesto:
yo solo lo transcribo, letra a letra,
como hago cada vez
que finjo escribir algo.

CERTIDUMBRE DEL TIEMPO

PIENSO mucho en la muerte, en el temblor
sin límites del cuerpo que se aleja
hacia la nada. Sé
de la caducidad inexorable:
pregunto por el cuándo y por el cómo,
por el dolor que habré de atravesar.

ESCRIBO

ESCRIBO por un ciego
impulso de no ser este que soy.
Obviamente, me topo a cada paso
con mi piel de cuarenta, con la grávida
oscuridad del hueso y la memoria;
con el espacio frío de lo roto,
de lo que ya no está ni estará nunca.

Desciendo un poco más, leo el silencio;
palpo, persigo un fondo que no existe.

TEORÍA

Mas el amor, como un agua
Arrastra afanes al paso.

LUIS CERNUDA

LA teoría es simple,
podría recitarla de memoria,
con los ojos cerrados, sin dudar:
ojalá se tratase solamente
de un frío titubeo; pero no:
el problema reside en la impureza,
en el temblor del alma ante lo estéril,
en este oscuro afán
que le imprimo a la pérdida.

VOSOTROS, YO, VACÍO

Os reconozco a todos: yo ya he visto
vuestras caras mil veces,
en cientos de lugares;
sois, sucesivamente,
una misma persona y sus versiones,
apenas distinguibles entre sí.

Qué poco tardaréis en olvidarme,
qué pronto seré solo una promesa
alzada al aire hueco
de la banalidad.

FINALES DE DICIEMBRE

SIGUE nevando afuera y, poco a poco,
los vidrios de las tapias se han cubierto
de blancura silente.
Dentro, madera y sombra, luz sin peso.

BUCLE

La casa se ha plegado sobre mí;
imperceptiblemente, las paredes
y el techo se han ceñido a mis contornos
y ya no queda espacio suficiente
para dejar la cama y alcanzar,
aunque sea arrastrándose, la puerta.

Permanezco tumbado, sigo quieto,
a la espera de nada.
Parece que se vuelve a hacer de noche.

QUIERO bajar el telón, pero el mecanismo parece estropeado.

Algo se le atraganta y tendré que tirar de él a brazo limpio, o a dentelladas, si es necesario. Pero debo cerrarlo, es mi única obligación, el único deber que concibo.

He de darle carpetazo final a la función. Qué exactas eran, al cabo, las dimensiones del teatro.

La fiebre, el escalofrío, la torpe sensación de estar en otra parte mientras el cuerpo se queda varado en la humedad pegajosa de las sábanas.

PIDES pureza y todo alrededor,
alrededor y en ti,
se afana en devolverte zafiedad.

Buscas la permanencia
y solo encuentras ruinas de la luz.

SIEMPRE empeñado en hacer lo que en realidad no deseo.

TENGO la sensación (puede que la certeza) de haber atravesado una línea invisible. Desde aquí todo se estrecha: la luz pinta añoranza donde solo debería dibujarse a sí misma la propia luz.

Vuelvo, porque ya me he marchado para siempre.

2. Parafernalia

PARAFERNALIA I

Canciones que no sean para ti.
Libros que no se lean con tu voz.
Días en los que, al fin, ya no te piense.

SONETO V: GLOSA

EL mundo era más bello sin tu imagen
cincelada a machete hasta en el alma.

31 DE OCTUBRE,
SAN ALONSO RODRÍGUEZ

UNA dedicatoria en el vacío:
que sirva para todos
los libros que no voy a regalarte.

PROCESOS (COMO EN KAFKA, COMO EN LOPE, COMO EN GÓNGORA)

[*The Gold*, en voz de Phoebe]

PRIMERO fueron hechos fulgurantes,
vida llena de vida hasta los posos;
después, solo ilusiones y promesas:
tras eso, excusas, cuentos y mentiras.

Al final, nada más que desengaño,
distancia sin futuro,
realidad malsana;
clarísima certeza del error.

Propósito de olvido. Recaídas.
Silencio. Polvo. Sombras. Zarandajas.

PIENSO tu piel. Recorro
las ciegas galerías de tu ausencia
y en cada giro voy topándome
imágenes de mí
mismo perdido en el silencio.

SMOKE SIGNALS

PROBABLEMENTE tú ya lo intuías,
ya notabas el pulso de lo roto
latiendo por debajo de la piel,
y mucho más adentro,
a la profundidad
del alma
                y más adentro.

FANTASMAS

TENDRÍA que haber sido de otra forma.
Sí, me pregunto cómo: desde luego,
no así, no en la mentira permanente,
no en el vértice roto del engaño.

Quiero creer que tú
y yo no éramos esos;
quiero creer que habría funcionado
en un tiempo distinto,
en algún subjuntivo a la medida.

Observo, al fin y al cabo,
fantasmas de un futuro sin nosotros.

PARAFERNALIA II

ME propongo el olvido,
intento practicar, por vez primera,
la *despresencia*. Borro
las canciones, los cuadros y las luces.
Elimino tu imagen, voy cegando
las ventanas de ti en cada pared.

3. De un cuaderno sin frutos

No estoy siendo sincero. Sé que miento.

AL final de este bloc me encuentro garabatos infantiles: mi hija los ha dejado allí sin un propósito, pero resultan mucho más valiosos que cualquier verso, mucho más honrados y puros y brillantes que mis quejas.

CON qué facilidad se desbarata
lo que pensaste firme: nada duran
el afán y su fruto; son fugaces
el goce y sus fantasmas, toda luz.

AHORA, no más tarde;
no amplíes más el círculo,
no trates de escapar,
no alientes sin razón la conjetura:
porque eres tú quien siempre
va a esperarte, callado,
al fondo del espejo del pasillo.

CON el primer café de la mañana también la sensación de estar perdido.

Siempre la claridad conlleva sombras.

Te dejas arrastrar. La marea no cesa y tú ya has decidido abandonar toda resistencia: no hay braceo ni esfuerzo que compense tanta saña de galerna y hundimiento.

Como si la realidad nos esperase: así entramos, por inercia y errónea educación, en todo lugar y tiempo. Como si no fuésemos huérfanos y ajenos, como si perteneciésemos y fuéramos pertenecidos.

SIEMPRE queda la música. O, al menos, la emoción que nos dejó la música. O, al menos, el recuerdo de la emoción que nos dejó la música. O, al menos, el deseo de recordar la emoción que nos dejó la música.

TOMARÉ la palabra y diré cosas que tal vez no me guste escuchar. Será necesaria la demolición; será necesario ser ruina, ser la conciencia misma de la ruina.

Porque nunca ha consistido en otra cosa. Ha sido siempre un juego enfermizo ese en el que yo tenía la esperanza de ser otro.

DESDE mi cueva pontifico, desde mi cueva me quejo y me quejo. En mi cueva todo es fácil, salvo la propia cueva.

LA sensación de haber llegado tarde, de no estar allí de no presentarme a tiempo, de hablar en una lengua que solo en apariencia es la compartida.

NADA te observa, no está el mundo hecho para medir tus pasos: eres tú el que todo lo mira y todo lo *descomprende.*

En los viejos tiempos me aterraba pensar en ciertas cosas. Ahora me aterra pensar, en cualquier cosa.

SE trata, al fin y al cabo, de sostenerse ante el desgaste. Las suelas pisan tablones quebradizos, no hay viga que soporte a estas alturas el hartazgo de haber presenciado, sea en una u otra versión, lo suficiente y más de lo suficiente.

CON cuantísima muerte a las espaldas
pisamos por primera vez el mundo.

Vuelvo, como si eso significara algo.

4. De un cuaderno cerrado

RECONOZCO

Para Marina

RECONOZCO el sendero: cuántas veces
amaneció y la luz
primera me rozó por estos campos;
cuántas veces busqué
el camino de vuelta entre la broza,
en cuántas ocasiones
me supe ya perdido y fue tu mano
la que me devolvió
a casa por praderas siempre verdes.

ÚLTIMAS HORAS DE INSOMNIO

AHORA que la noche deja paso
a la primera luz
del día, en el insomnio
va apareciendo un pulso
de culpabilidad: no es infrecuente
en mí este sentimiento de vergüenza,
aunque pasen los años
y me repita, en bucle, que tras tanta
frustración no se esconde
jamás castigo alguno.

EL brillo se ha apagado: todo pierde
sentido al repetirse en sucesivas
versiones de una misma decepción.

INTEMPERIE

Ni aquí ni en ningún sitio vale nada
tu dolor: es inútil, nos molesta.

Debes dejarlo fuera, con los perros.

LARVA

IMAGINO la larva dentro del cuerpo. No, no la imagino: puedo verla. Con toda nitidez.

Me recorre el intestino, sube por el estómago, escala por el esófago. Apenas crece, pero yo sé que es más grande que hace unas semanas. Pronto me asomará por la úvula: de hecho, la noto últimamente en el cielo del paladar. Creo que mi boca es su boca. Creo que su lengua es mi lengua. No dejo de hablar sus palabras. No dejo de ser su silbido sordo, su reptar ciego hacia la sombra.

HOPPER: VERANO

Todo está desvelado:
el tacón se desliza suavemente
hacia la calle, pero todavía
no pasa del deseo de ser paso;
la mano es transparente,
es líquida la sombra de la espera.

El vestido habla luz y las cortinas
se abren desde el silencio hasta el silencio.

ARENA

LÁSTIMA que la luz fuese mentira,
que no hubiera un atisbo de verdad
al cabo del destello:
solo tramoya hueca,
mapas emborronados,
señales inconexas, islas falsas,
tardía certidumbre del desastre.

Qué sucia necedad en el fracaso;
qué desperdicio el labio hecho silencio.

PIENSA JORGE MANRIQUE EN EL ASEDIO

No me aterra el pasado, no el silencio,
no la embestida gris de los otoños,
no el verde de muralla y primavera,

sino la enormidad de la distancia
que se abre entre mi pluma y el recuerdo.

POÉTICA DE GUERRA

DESARMADO y ausente,
necio y sin sepultura:
repítete en los nombres del silencio,
vuelve al cuaderno en blanco,
desángrate de voz sobre sus folios.

BLANCA CANCIÓN DEL MIRLO

YA llega la mañana, va viniendo.

Una canción sin nombre
inunda los pinares:
por entre las agujas
la luz vibra en un ángulo
roto, el mirlo desciende de la noche,
de la noche a la piedra amanecida.

Ya llega la mañana, va viniendo
con su estribillo blanco,
con voz de barro y nube:
a flor de tiempo y tierra

va llegando.

VARIACIÓN SOBRE UN MOTIVO
DE JAIME GIL DE BIEDMA

AQUÍ dejé mi huella: tú querrías
que no fuera esa frase otro disfraz,
otro atrezo del miedo, otro consuelo
transformado en mentira y latiguillo.

Aquí, no en otro sitio, levanté
las paredes sin nombre que hoy son ruina,
el torpe trampantojo, la tramoya
(desvencijada ya)
que sostuvo el recuerdo y sus ficciones.

QUIEN LEE VIVE MÁS: GLOSA
DE UNA CERTEZA COMPARTIDA

HA QUEDADO en silencio
el patio y solo un leve
rumor de brisa y rama
ocupa los espacios de la tarde.

Desciende, poco a poco,
la luz sobre las páginas del libro:
el poema te piensa; en cada verso
te descubre más tú, más esencial,
más levantado en letra sobre el polvo.

SEDA, VERDAD

A VECES imaginas que arde el cielo
y que las nubes son una corola
incandescente y que en el centro exacto
de esa flor late un fuego
purísimo, una luz
que borra toda sombra, todo olvido.

DIÁLOGO

La pared encalada: se demora
la higuera, hecha gigante
de negrura y pasado, por las grietas
sin fin del tiempo antiguo. Yo la observo
de mi sombra a su sombra, en la constancia
de que ella, sin mirarme, me verá
virar desde la luz hasta el silencio.

INÚTILMENTE INTERROGAS (GLOSA
AL POEMA «LAS NUBES» DE JOSÉ HIERRO,
EN EL CENTENARIO DE SU NACIMIENTO)

Yo siempre miro al suelo,
aunque me gustaría
ser uno con la luz;
no hacerme impacto y sombra;
deberme al giro leve de las nubes;
no haber atado el alma
jamás a tanta carne.

PRIMER DÍA DE COLE

Por vez primera, y pronto serán tantas
como días te quedan en el mundo,
suelto tu mano y dejo
que te unas a la fila.
Te giras un segundo,
contienes el puchero:
aprenderás, sin duda, el ademán
con la práctica frecuente del abismo.
Es algo que no deja de entrenarse
a fuerza de derrota y desengaño.

HIJA

el viaje milenario de mi carne
ÁNGEL GONZÁLEZ

QUÉ ligera en tu piel es todavía
la carga de los años:
no miras hacia atrás, pisas un suelo
enteramente tuyo,
vivo de plena vida sin hollar.

Conocerás el duelo y la miseria;
probarás la luz sorda
de Amor; serás error e incertidumbre.

No des el paso aún, aguarda un poco,
no renuncies al don de la inocencia.

Es pronto, y no lo sabes.

A LOS 21

Tú y yo somos fantasmas
para la poesía.

Tú llevas nueve años en el limbo
y has vuelto con Copérnico
desde vuestras altísimas esferas,
y traes lentas sedas de otros mundos
y música y saurópodos
y versos que son salmos contra el tiempo.

Yo ya estoy oxidado, soy apenas
una sombra entre letras desleídas,
pero intento aún
describir esta luz que nos inunda.

Tú y yo, poetas zombis
frente a las negras hordas
de la mediocridad.

DE AMICITIA

SE trata de una tierra .
en la que todo es luz,
de un país siempre abierto
donde no se concibe
el pálido recorte
de la amargura:
                        gracias
a ti soy ciudadano
de la *matria* sin fin de la amistad.

IO, SATURNALIA

Es hora de acallar, Marival mía,
la nostalgia: vendrá la oscuridad
sin fin del año nuevo; se abrirán
las fauces de los pozos siempre secos;
el Sol será quimera, no habrá luz
que derrita la escarcha de los campos.

Seamos, así pues, en estos días
otros: emperadores del falerno,
esclavos de Saturno y de los dones
fugaces de diciembre, iridiscencias
henchidas de color y pura vida.

A MEDIADOS DE MARZO

Se han abierto las flores, pero aún
queda escarcha en los pliegues de los labios.

PROSPERIDAD, YA CASI LOS NOVENTA

En el sueño la casa no ha cambiado:
sigue siendo la misma que recuerdo;
todo permaneció
estático tres décadas.

El sol colma de nuevo las terrazas;
hay aroma a galletas y pan fresco
en la cocina; crujen
las tablas del parqué del gabinete;
en las cuerdas del patio
flamean las coladas (entre sombras
y cables y vapor de invierno lento);
los libros del despacho
me esperan todavía.

Del parque de Berlín llega el bullicio
de San Miguel; el cine Morasol
proyecta una infantil:
suizo y chocolate (ríe mayo),
palomitas de bolsa, niebla fina
en las cintas de vídeo.

Alguien dejó entornados los armarios,
así que el dormitorio sigue oliendo
a quienes ya no estáis.

Y a mí, también a mí,
que solo estoy de paso
por esta luz sin días del olvido.

MUSEO DEL DESIERTO

En el desierto blanco, rosa estéril.

AVES

Has querido fijar, por un instante,
tus ojos en el líquido vislumbre
de lo eterno; has querido concederle
a la mirada un ámbito sin límites
y a la palabra, un don
que solo le podría ser negado.

Vuelven a alzar el vuelo
las aves y es de noche
en todos los parajes de la luz.

DÍSTICO DEL MAR NEGRO

Lejos de la Ciudad y su bullicio,
Ovidio es todo sal en su destierro.

APUNTE, A LA MANERA DE FRAY LUIS

HERIDO en luz de piedra corre el Tormes:
nada enturbia el cristal de su andamiaje;
la eternidad remonta
un punto más allá,
al final de la escala, siempre en vuelo.

5. Tumbado

TUMBADO

Yo estoy tumbado.
Y así seguiré.

Al estar tumbado, lo que veo todo el día es el techo.
Así que los forjados me sustentan y me sirven de
horizonte.

Si alargo el brazo desde la cama, rozo cantos rodados,
arena y fósiles.

Reúno todas las lenguas del mundo entre las sábanas.
Desde mi posición domino la perspectiva horizontal de
la disposición ilimitada y me postulo como constante
perpendicularidad de las palabras escogidas.
Me observo en silencio, pero soy mucho más que una
simple pausa: un traqueteo de letras me traspasa vísceras
y mente.
Hoy entra luz de mayo por la ventana sin cortinas.

Exactas paradojas de la vida: caminar para el ninguna
parte; permanecer quieto y verlo todo.

Sólo hablo si alguien entra en la habitación. Mantengo
la higiene de lo imprescindible.

Mi vida corre en círculos, como un árbol hecho hito; sin llamadas de atención, sin pistoletazos de salida. Cada noche es siempre la misma noche, porque al unísono no es más que el mismo día.
Tumbado en esta cama sin fronteras, el tiempo de los años se me desliza como lino.

De los pies a la almohada.
No pienses que existen las cosas más allá del humo. Ni siquiera te molestes en llamarle humo a tu incomprensión: las cortinas bastan (su flamear gastado, la brisa entre el biombo y la ventana); es suficiente y sobra.
No hay más fuego que este de las pupilas, no más desplazamiento que el de esta travesía sin kilómetros.

La calle vierte sombras sobre mi pared: de noche bebo el líquido de los objetos derramados en la luz.
Ebriedad del teatro hecho silueta.

Yo solo leo, pero siempre el mismo libro.
Vivo en la muchedumbre solitaria.
No anhelo compartir nada con nadie,
porque nada poseo más allá
de este rendido tacto sin minutos
y nadie me posee más aquí
de la sábana herida por la luz.

Dejo caer el cuerpo y describo, desde la mano hasta el hombro, un ángulo de piel y vello. Parece que remo inercia, hay una quieta marea de silencio surcándome los pliegues del tacto.
Creo que los delfines silban, a voz de espuma, nanas bajo el colchón.
Arrecifes de sal surcan la tarde
y elevan catedrales al resplandor de las baldosas.
Va repitiéndose la voz, sin coda ni vuelta; mil y mil noches no valdrían para apurar el infinito.
Y lo intentamos, por el mero placer de fracasarnos en la escucha.

Toda fotografía es un hueco en la realidad, un mapa del deseo sordo de la memoria. Los cartógrafos que tomaron las medidas y evaluaron la luz sabían que levantaban los soportes de una impostura. Eligieron unos bordes, y no otros; unas sonrisas, y no otras; un plano de la vida y no todos.
Conjuraron las nostalgias, alzaron laberintos donde solo debería acumularse polvo.

(Mi pared está desnuda: para qué las imágenes, para qué el juego de pretéritos)

Yo estoy tumbado. No hay interlocutor. Aguardo mis propias vocales y tejo líneas sin destinatario. Un bajo continuo silencia los ruidos de la calle. En otra casa cocinan y llega el aroma de la olla pobre de los lunes: el cuerpo se amolda, como en una partitura, a la cadencia exacta de la mañana.

Os imagino en vientres reptilianos; recorréis las entrañas del dragón y olvidáis vuestros pasos bajo la rigidez de unas sillas prestadas.

No sois fuego ni tierra.

El horizonte aquí no es más que un punto.

Tengo papel y lápiz para dibujarlo y una vida llena de horas blancas para ponerle el color adecuado.

Una pequeña e insuficiente lista de agradecimientos y dedicatorias

«Reconozco» es de Marina Casado Hernández, como tantos y tantos otros versos de este libro y de los venideros.

Con Nieves el camino es cada día más hermoso. Para ella, «Hija» y «Primer día de cole».

«*Terminará la luz...*» dialoga con Brines, Valente y Luna Miguel, a quien está dedicado, porque nuestro oficio se basa, precisamente, en esa insuficiencia.

«Dístico del mar Negro» es, *in memoriam*, para Ana Santos Payán, porque quiso tenerme en El Gaviero, en *Salamandria* y entre sus amigos.

Àngels Gregori caminó conmigo en los estrenos de «Tumbado»: ahora ese poema es suyo.

Con Luis Alberto de Cuenca, «Prosperidad, ya casi los noventa», por el Madrid compartido.

«*Quien lee vive más*» es una de las verdades que mi maestro Javier Lostalé me ha inculcado: sea este poema celebración de su largo e inmaculado magisterio.

«Bucle» apareció en *Anáfora* gracias a Candela de las Heras: sirva esta dedicatoria de agradecimiento.

«*De amicitia*» solo puede ser para Marta Narros; a Ainhoa Rodríguez Leal, por idénticos motivos, le corresponde una buena parte de ese mismo poema.

«Aves» es un poema que inspiró, sin saberlo, Juan Manuel Benítez Ariza, así que es justo que se lo devuelva.

«Variación sobre un motivo de Jaime Gil de Biedma» le pertenece, por derecho propio a Hilario Barrero: que sus versos plieguen el océano hasta él.

«Piensa Joge Manrique» surge de una idea de mi admirado José Manuel Ortega Cézar: ahora es todo suyo.

Amanda Sorokin protagoniza «A los 21»: valga de recuerdo de aquella peculiar lectura que lo propició.

Para Luis Bravo, «Teoría», por los buenos ratos de literatura y amistad.

«Intemperie» comparte vida con Christian Law, que lo alentó y redondeó.

«*Inútilmente interrogas*» está dedicado, con gratitud a Juan Francisco Quevedo.

«Diálogo» es para Pablo Núñez, cuya amistad es eterna e inquebrantable.

Para mi querido Castro Lago, *Con cuantísima...*, porque, por fortuna, también en el camino hay vida a manos llenas.

Para mi *primo* Diego Alonso Díez, «Certidumbre del tiempo», como celebración de la palabra que no cesa.

Para Óscar Esquivias y Amparo López Pascual, una «Blanca canción del mirlo» compartida. En ambos casos, por (gozosos) motivos obvios que ellos saben.

A Val le debo todavía un poema sobre Filemón y Baucis; va, mientras tanto, «*Io, Saturnalia*» ¡Gracias por la paciencia!

«Larva» es para Raúl Galache, que asiste a transformaciones de este estilo todos los días.

Para Nuria Ruiz de Viñaspre, por su cariño incansable, *Se trata...*

Para Victor Oliveira Mateus, «Apunte, a la manera de Fray Luis», como agradecimiento a la maravillosa traducción que de él hizo al portugués.

Gracias, finalmente, a Joan de la Vega, por creer con tanta fe y dedicación en este libro hecho de tumbos. Para él, «Igual que las pinturas de los ángeles».

Índice

CUADERNO DEL QUE CALLA

1. DE UN CUADERNO SIN LUZ

9   *Terminará la luz*
10   *Siempre la sed*
11   Otras cosas
12   *Eran los días*
13   *Cuánto te gustaría*
14   *Entono un aleluya*
15   Igual que las pinturas de los ángeles
16   Certidumbre del tiempo
17   Escribo
18   Teoría
19   Vosotros, yo, vacío
20   Finales de diciembre
21   Bucle
22   *Quiero bajar el telón*
23   *La fiebre, el escalofrío*
24   *Pides pureza*
25   *Siempre empeñado*
26   *Tengo la sensación*

2. PARAFERNALIA

29   Parafernalia I
30   Soneto V: glosa
31   31 de octubre, San Alonso Rodríguez
32   Procesos (como en Kafka, como en Lope, como en Góngora)
33   *Pienso*
34   Smoke signals
35   Fantasmas
36   Parafernalia II

3. DE UN CUADERNO SIN FRUTOS

39   *No estoy siendo*
40   *Al final de este bloc*
41   *Con qué facilidad*
42   *Ahora, no más tarde*
43   *Con el primer café*
44   *Te dejas arrastrar*
45   *Como si la realidad*
46   *Siempre queda la música*
47   *Tomaré la palabra*
48   *Desde mi cueva pontifico*
49   *La sensación de haber llegado*
50   *Nada te observa*
51   *En los viejos tiempos*
52   *Se trata, al fin y al cabo*
53   *Con cuantísima muerte*
54   *Vuelvo*

4. DE UN CUADERNO CERRADO

57   Reconozco
58   Últimas horas de insomnio
59   *El brillo*
60   Intemperie
61   Larva
62   Hopper: verano
63   Arena
64   Piensa Jorge Manrique en el asedio
65   Poética de guerra
66   Blanca canción del mirlo
67   Variación sobre un motivo de Jaime Gil
      de Biedma

68   *Quien lee vive más*: glosa de una certeza compartida

69   Seda, verdad

70   Diálogo

71   *Inútilmente interrogas* (glosa al poema «Las nubes» de José Hierro, en el centenario de su nacimiento)

72   Primer día de cole

73   Hija

74   A los 21

75   De amicitia

76   Io, Saturnalia

77   A mediados de marzo

78   Prosperidad, ya casi los noventa

80   Museo del desierto

81   Aves

82   Dístico del mar negro

83   Apunte, a la manera de Fray Luis

5. Tumbado

   87   Tumbado

   93   Una pequeña e insuficiente lista de agradecimientos y dedicatorias

LA GARÚA
POESÍA

*****

Cuaderno del que calla, de *Francisco José Martínez Morán*,
se terminó de imprimir y encuadernar en enero de 2026.
Para la composición del texto se ha utilizado la tipografía
Goudy Old Style sobre papel munken print de 90 gr.